AF555861

DISSERTATION SUR LE CHOIX QUE L'ON DOIT FAIRE

Entre les principaux Projets donnés pour la Jonction des deux Mers,

PAR LA CONSTRUCTION D'UN CANAL EN BOURGOGNE,

Présentée AU ROI,

Par le Sr. DE TOURTEREL, Garde du Corps de Sa Majesté.

Avec une Carte de la France, où est décrite la Route de cette Jonction.

A DIJON,
Chez DE FAY Imprimeur des Etats & de la Ville, ruë Portelle.

M. DCCXXVII.

AU ROI.

SIRE,

Le Titre de PACIFICATEUR DE L'EUROPE, *que VOTRE MAJESTE' vient de s'acquérir de la bouche de l'Empereur, & de toutes les Puissances interessées dans les Traitez d'Hanovre & de Vienne, est sans doute le trait le plus glorieux dont vous pouviez embellir l'Histoire de vôtre Auguste Regne.*

En effet, quelque brillans que ſoient les ſurnoms de HEROS *& de* CONQUERANT, *ils entraînent néceſſairement avec eux des calamités & des horreurs qui en diminuent de beaucoup l'éclat : Ceux même de* JUSTE *& de* PERE DU PEUPLE, *qui de tous paroiſſent les plus flateurs, ne s'acquérans pour l'ordinaire que par des actions domeſtiques, ſemblent être trop bornés pour ſatisfaire le plus Grand Roi du Monde.*

Mais, SIRE, *celui de* PACIFICATEUR DE L'EUROPE *que vous venez de recevoir, renferme eſſentiellement tout ce que les autres ont de glorieux ; puiſque pour maintenir la Paix entre tant de Puiſſances, dont les interêts ſont ſi différens, il a fallu non-ſeulement que vous euſſiez en main la force ſupérieure & dominante ; mais encore que toutes ces Puiſſances vous ayent regardé comme un Héros de qui dépendoit absolument leur sort & leur fortune ; il a fallu qu'elles fussent persuadées que vous possédés souverainement la Justice, & que vous souhaités sincérement que tout soit réglé selon ses Loix.*

Enfin, ce qui établit la prééminence du Titre que toute l'Europe vient de vous donner, sur tous les Noms les plus Illustres, est la grande preuve qu'il renferme de vôtre amour pour vos Peuples. Qu'il vous est glorieux, SIRE, *de leur sacrifier dans la plus vive jeunesse, les désirs ardens que vous avés pour la gloire des Armes, & de résister, pour épargner leur sang & leur fortune, aux plus séduisans attraits d'une Guerre qui ne vous promettoit que des Lauriers !*

Quel vaste champ pour les Plumes sçavantes dont vos Etats sont remplis ! Mais je présumerois trop de moi-même, si je me hazardois dans cette carriére.

Agréés donc, SIRE, *que me renfermant dans un ſujet bien plus borné, je prenne la liberté de vous offrir cette courte* Diſſertation ſur le choix que l'on doit faire entre les Projets donnés pour la Jonction des deux Mers, par le moyen d'un Canal en Bourgogne.

Le raport qu'a cette matiere avec la Profeſſion des Armes, m'a excité à y employer le loiſir que me laiſſe le Service de VOTRE MAJESTE': J'y ai été entierement déterminé par la gloire immortelle que vous acquererés en faiſant conſtruire cet Ouvrage, par les grands avantages que la Bourgogne & toutes vos Provinces des l'une à l'autre Mer en retireront, de même que par l'abondance qu'il procurera à vôtre bonne Ville de Paris.

Ainſi la gloire de VOTRE MAJESTE', le bien general de l'Etat, & l'avantage particulier des Provinces où j'ai reçû le jour & l'éducation, ayant été les ſeuls & épurés motifs qui m'ont inſpiré le deſſein d'écrire, oſerai-je eſperer que VOTRE MAJESTE' *daignera aprouver l'occaſion qu'ils me fourniſſent de publier le très-profond reſpect & la parfaite ſoumiſſion avec leſquels j'ai l'honneur d'être,*

SIRE,

DE VOTRE MAJESTE',

Le très-humble & très-fidéle Sujet,
MICHON DE TOURTEREL.

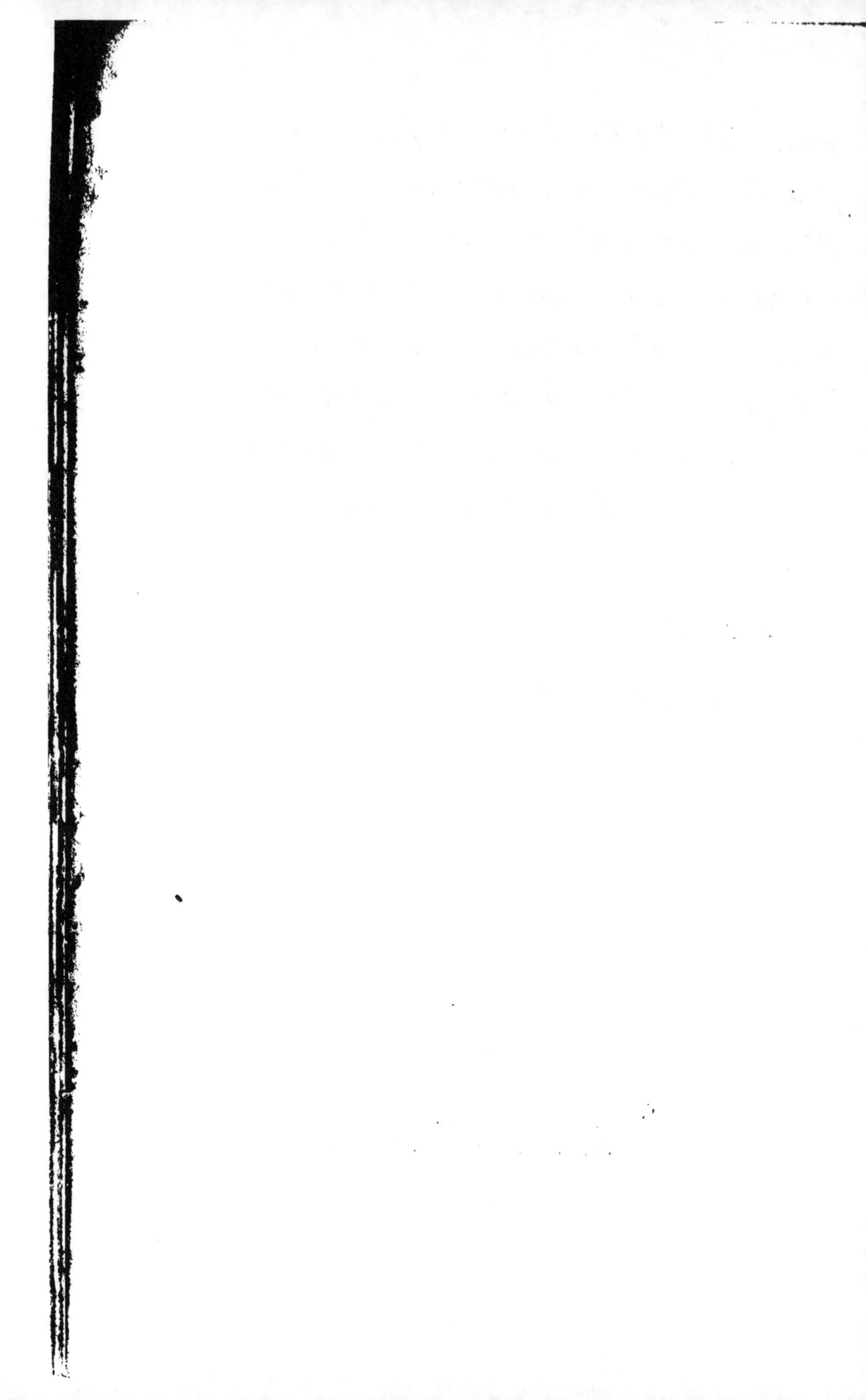

DISSERTATION

SUR LE CHOIX QUE L'ON *doit faire entre les principaux Projets donnés pour la Jonction des deux Mers, par la Construction d'un Canal en Bourgogne.*

'UTILITE' des Canaux est assés connuë, sans qu'il soit besoin de faire une longue énumération des avantages que l'on en retire. Chacun sçait que cette espèce de Navigation est la mieux réglée, la plus sûre & la moins sujette aux inconvéniens qui dérangent le Commerce des Riviéres.

La briéveté que je me suis proposée, ne me permet point de raprocher sous les yeux de ceux qui me feront l'honneur de lire cet Ouvrage, tous les effets merveilleux que produiroit dans le Royaume, & en particulier dans la Bourgogne, la Construction d'un Canal qui feroit par cette Province la Communication de l'Ocean avec la Méditerranée.

Je me contenterai de dire que rien n'augmenteroit davantage le Commerce, que la facilité de transporter ainsi sûrement, en peu de tems, & à peu de frais, dans toutes les Provinces, & même jusques chez nos voisins, les marchandises qui nous viennent par l'une & l'autre Mer. Quelle aisance n'en retireroit-on pas pour donner du secours à chacune de nos Provinces dans les plus pressants besoins ? Enfin de quelle utilité ne seroit pas cette Communication pour faire la Guerre, par la facilité que l'on auroit de transporter d'une extrémité du Royaume à l'autre, les vivres, les munitions de Guerre, & les Troupes mêmes sans fatigue ? La route que tiendroit le Canal, au Projet duquel on doit donner la préférence, en dira seule plus qu'il n'en faudra pour convaincre de l'utilité de cette entreprise. C'est dans cette vûë que j'ai dressé une Carte dans laquelle j'ai tracé la Route que tiendra la Communication projettée, afin que d'un coup d'œil chacun puisse voir, sans sortir de chez lui, la situation des lieux, en lisant cette Dissertation.

De toutes les idées données jusques ici pour cette Communication si désirée, il n'y en a eu que trois qui ayent frapé le Public.

La premiere, par la circonstance des tems où l'Auteur la communiqua; c'est celle de Mr. de la Jonchere, dont le Projet fut imprimé au mois de Septembre 1718.

La seconde, est celle que Mr. Thomassin a remise sur le tapis pour joindre la Sône à la Loire par les Etangs de Long-pendu. Le Public n'avoit encore rien vû de la façon de cet Ingénieur sur cette matiere, avant la brochure qu'il en fit imprimer sur la fin de 1726, intitulée: *Lettres sur les Canaux proposés, &c.*

La troisiéme, est celle de Mr. Abeille, dont après un travail de plusieurs années, il a donné aux Etats de Bourgogne pendant le mois de Mai dernier, un Projet suivi, détaillé, démontré par des Cartes exactes, & des desseins de tous les ouvrages, accompagné de Mémoires rélatifs, & d'une estimation de toute la dépense nécessaire.

Le désinteressement avec lequel j'ai examiné ces trois idées, ne m'a pas permis de me laisser tant soit peu aller à la prévention en faveur d'aucun de leurs Auteurs.

Je n'ai point connu personnellement Mr. de la Jonchere; mais à la lecture des deux petits Ouvrages qu'il a fait imprimer pour soutenir son idée, j'ai jugé qu'il étoit homme d'esprit, & la préférence qu'il a donnée à la Communication de la Sône à la Seine pour la Jonction des deux Mers, ne permet pas de douter de son discernement.

Les Ecrits de Mr. Thomassin sur la Colomne de Cussy, & sur les Canaux dont il s'agit, joints avec quelques entretiens que j'ai eu avec lui sur les mêmes sujets, me le font regarder comme un homme qui a de la littérature & de la théorie.

Enfin, les Ouvrages que Mr. Abeille a fait construire à Genève & en Languedoc, & que j'ai vûs pour la plus grande partie; son Projet, tel que je l'ai décrit ci-dessus, & les différentes conversations que j'ai aussi eu avec lui

sur

ſur la même matiere, m'en ont donné l'idée d'un homme conſommé dans ſon Art, & uniquement apliqué à l'Ouvrage qui l'a attiré en cette Province.

Ainſi également prévenu en faveur de ces trois Ingénieurs, je n'ai recherché dans l'examen de leurs Projets, que la ſeule vérité. On verra que ſans aprofondir ce qui n'eſt point de ma compétence, ni ce qui eſt hors de ma portée, je m'attache uniquement à ce que je ſçais avec certitude, & à ce que je connois parfaitement, pour l'avoir vû par moi-même : Voilà les diſpoſitions avec leſquelles j'ai entrepris cette diſſertation.

EXAMEN DU PROJET DE Mr. de la Jonchere.

J'AI déja dit que Mr. de la Jonchere eſt très-loüable d'avoir préféré à toute autre idée la Communication de la Sône à la Seine pour la Jonction des deux Mers. Ce choix eſt une preuve de ſon bon goût, & il ſeroit à ſouhaiter qu'il eût eu le même diſcernement dans le choix de ſon Point de partage, parce que c'eſt toujours de là que dépend le ſuccès de ces ſortes d'Ouvrages; mais il s'eſt ſi fort trompé en le fixant à Sombernon, que l'on ne ſçait que penſer de l'aſſurance avec laquelle il garentit la réuſſite de ſon Projet.

Il s'y trouve des obſtacles ſi eſſentiels, que l'on ne doit point être ſurpris que le Public en ait prononcé irrévocablement l'impoſſibilité.

Le choix du Point de partage pour la conſtruction d'un Canal, en eſt ſi eſſentiellement l'ame, que de lui en dépend tout le ſuccès; de même que les opérations de tous les membres, dépendent des fonctions du cœur.

Premier obſtacle du Projet de Mr. de la Jonchere : Il n'a point aſſez d'eau dans ſon Point de partage.

Second obſtacle : Le Seüil en eſt trop élevé & ſitué trop déſavantageuſement pour qu'il y en puiſſe conduire d'ailleurs.

Troiſiéme obſtacle : Les eaux du Ciel, ni la fonte des neiges ne peuvent lui en procurer aſſez.

Quatriéme obſtacle : La coupure de la montagne de

Sombernon, & la longue voute qu'il voudroit y faire, occasionneroient des dépenses également immenses & inutiles.

Tous ces inconvéniens, dont le seul défaut d'eau devroit faire absolument rejetter ce Projet, ne permettent point de l'admettre, & l'on ne doit pas être surpris que la Cour & la Province ayent absolument abandonné cette idée. Ainsi on ne m'accusera pas d'être trop concis en m'en tenant, comme je fais, à cette double & respectable décision.

EXAMEN DU PROJET DE Mr. Thomassin, pour la Construction d'un Canal, par les Etangs de Longpendu.

QUOIQUE Mr. Thomassin ait été, à ce qu'il dit, envoyé en Bourgogne dès l'an 1696, par feu Mr. le Maréchal de Vauban; qu'il y soit revenu, selon lui, dès 1719, par ordre de la Cour, & y ait resté jusqu'à présent, il ne nous a point encore prouvé la possibilité de son Projet. Cependant, comme il l'assure, & que d'ailleurs la situation des lieux y paroît très-propre & même naturelle, je n'hésite pas un moment à suposer avec lui que l'exécution de son Canal est possible. Je pousse même la complaisance plus loin; car quoiqu'il ne nous ait encore point dit quelles sont les eaux étrangéres qu'il prétend conduire à son Point de partage, ni comment il espére le rendre commode & propre à la Navigation; je lui passe volontiers tous ces points, qui sont néanmoins assez importans pour mériter qu'il se fût donné la peine d'instruire le Public des moyens qu'il a dessein d'employer pour vaincre les difficultés qui s'y rencontrent; ainsi l'amour de la vérité, la parfaite connoissance que j'ai des lieux, & mon aversion naturelle pour ce qui sent la vetille, me font convenir avec Mr. Thomassin de la possibilité de son Projet, malgré d'assez grands obstacles que l'on surmonteroit sans doute par la contruction géminée de plusieurs Ouvrages.

Je me suis donc attaché uniquement à rechercher, 1°. Si les avantages que Mr. Thomassin promet nous faire retirer du Canal qu'il propose, sont assez considérables pour lui faire donner la préférence sur celui proposé par Mr. Abeille. 2°. Si ces mêmes avantages sont aussi réels que Mr. Thomassin voudroit nous le faire croire. Et je suis persuadé, après un mûr examen de ces deux questions, qu'on ne peut les décider ni l'une ni l'autre en faveur de Mr. Thomassin, & qu'au contraire la construction d'un Canal par les Etangs de Longpendu seroit inutile au Royaume & à la Province de Bourgogne.

Pour établir cette proposition, j'examinerai en détail tous les avantages que Mr. Thomassin croit nous faire trouver dans son Projet du Canal par les Etangs de Longpendu. Ces avantages se réduisent à trois principaux: Le premier, " Que son Canal depuis Long-pendu jusqu'à la Loire, le long de la petite Riviere de Bourbince, traverseroit le Charolois pendant treize à quatorze lieuës, & lui fourniroit un excellent débouché pour une infinité de bois à brûler qui périssent sur les lieux, faute de les pouvoir exploiter; & après un détail des forêts qu'il prétend être à portée de son Canal, il s'écrie, Quel avantage pour Paris, que de lui procurer par là au moins la moitié de sa provision de bois à brûler, qui étant bien ménagé, ne manqueroit jamais! "

Le second avantage, dit Mr. Thomassin, " consiste en ce que de l'autre côté ce Canal suivant la Riviere de Dehune, de Longpendu jusqu'à la Sône, traverseroit le grand Vignoble de Couches, de Corchanu, de Santenai-le-bas, de Remigny, de Chagny, de Demigny, dont les vins se transporteroient par la Loire jusqu'en Basse Bretagne, & même à Paris; les bois & les autres denrées trouveroient aussi un débouché par ce Canal. „

Le troisiéme avantage que l'on retireroit de ce Canal, dit toujours Mr Thomassin, est " Que si les bons vins de Beaune, de Santenay-le-haut, de Volnay, de Chassagne, de Montrachey, de Pomard, &c. ne se transportoient point par ce Canal, il procureroit du moins le retour des futailles de ces vins qui se consument à la Cour, à Paris & aux environs: cela ménageroit considérablement les bois propres à faire des tonneaux: Ce qui, ajoute-t-il, mérite quelqu'attention, puisque "

„ le beau bois commence à manquer en Bourgogne. Il donne encore pour avis très-important, " Qu'il fau„ droit détruire les Forges & les Fourneaux de cette „ Province.

Voilà mot pour mot tous les avantages que Mr. Thomassin donne à son Canal ; mais plus je les examine, plus je trouve qu'à les suposer aussi réels qu'il voudroit nous le faire croire, non-seulement ils ne seroient point assez considérables pour engager à la construction d'un Canal par les Etangs de Longpendu ; mais que quand même on feroit ce Canal, on n'en retireroit aucun de ces avantages.

Pour mettre la chose dans un point d'évidence qui ne laisse plus aucun doute sur la vérité de ce que je viens d'avancer, je vais établir en détail des propositions entierement oposées aux promesses de Mr. Thomassin.

1°. La connoissance exacte que j'ai des lieux dont il s'agit, ne me permet pas de passer à cet Ingénieur que les bois du Charollois soient assez considérables pour fournir la moitié de la provision de Paris ; je suis sûr au contraire qu'ils n'en fourniroient pas seulement la milliéme partie, dans l'état où ils sont actuellement, ni quelque soin que l'on en pût prendre dans la suite. Outre cela les bois du Charollois, à suposer le Canal de Longpendu déja construit, ne sçauroient être conduits à Paris qu'avec grande peine, souvent avec grand risque de les perdre, & toujours avec des frais immenses qui les rendroient hors de commerce à Paris, même quand ils y seroient arrivés.

2°. Je vais encore faire connoître à Mr. Thomassin que les vins de tous les Vignobles du Chalonnois dont il nous parle, & qu'il voudroit faire conduire en Bretagne par son Canal, n'y seroient pas de débit, & que la voiture par ce même Canal jusqu'à Paris en seroit presqu'aussi chére qu'elle l'est sans son Canal.

3°. Je vais lui démontrer invinciblement que la construction de son Canal ne procureroit point à la Bourgogne le retour des futailles des excellens vins de Beaune, Pomard, Volnay, &c. qui se consument à la Cour, à Paris & aux environs.

En effet, les bois à brûler du Charollois, ne sont pas à beaucoup près aussi étendus que Mr. Thomassin se l'imagine ; ils ne périssent point sur les lieux, comme il l'avance. Pour lui en donner une preuve sans réplique, on lui soutient qu'il n'y a pas assez de bois à brûler dans le Charollois, pour y entretenir régulierement le peu de Forges & de Fourneaux qu'on y a établi; & on lui donne pour un fait constant, que des Particuliers ayant entrepris d'établir des Forges & des Fourneaux à Percy, les bois à brûler y sont devenus en peu de tems si chers, que ces Particuliers ont été contraints d'abandonner leur entreprise, après s'y être ruinés, & que ces mêmes Forges & Fourneaux sont aujourd'hui presque plus à charge qu'à profit aux Propriétaires à qui ils sont restés. Ce fait est connu de toute la Province, & ce seroit en imposer grossiérement que de vouloir le nier.

Les bois à brûler du Charollois se fabriquent en charbons, qui ont pour la plus grande partie leur débouché dans le Pays, & le reste sur la Loire.

Les forêts de haute futaye de la même Province s'y conservent prétieusement, & ont aussi un débouché plus que suffisant; sçavoir, celles qui sont situées près du Chalonnois, du Mâconnois & de Beaujolois, pour la fabrication des tonneaux; & celles qui sont situées près de la Loire, pour le même usage & pour la construction des Batteaux de cette Riviere. Le débit de ces forêts y est si certain & si avantageux, que j'ose avancer, sans craindre d'être contredit, que les bois propres à la fabrication des tonneaux, & ceux pour la construction des Batteaux se sont toujours vendus & se vendent encore aussi chérement dans le Charollois, que dans aucune des Provinces qui sont le plus favorisées par la Navigation des Riviéres. Je me suis exactement informé des prix ausquels on les a vendus dans les unes & les autres Provinces, & j'ai trouvé qu'ils se vendoient autant, & quelquefois plus dans le Charollois, que dans le Lyonnois, le Mâconnois & le Chalonnois.

Il seroit très-dangéreux de mettre ces forêts en coupes réglées, pour en faire des bois à brûler, parce que, 1°. elles sont absolument nécessaires pour la fabrication des tonneaux, eu égard au grand nombre de Vignobles voisins du Charollois, & pour la construction des Batteaux de la Loire. 2°. Parce que l'on ôteroit par là au Charollois le Commerce considérable qu'il fait des pourceaux qui s'engraissent dans ces mêmes forêts, & que l'on répand ensuite dans toutes les Provinces du

Royaume ; puiſqu'il eſt viſible que ces bois mis en coupe réglée pour brûler, ne porteroient point de glands.

Mais à ſupoſer pour un moment qu'il y eût dans le Charollois aſſez de bois à brûler pour fournir une partie conſidérable de la proviſion de Paris, ce qui n'eſt certainement pas, comment Mr. Thomaſſin voudroit-il les y faire conduire ? Il faudroit certainement, 1°. Les faire embarquer & les faire tirer pendant tout le tems que ces bois ſeroient ſur ſon Canal. 2°. Les faire entrer dans la Loire juſqu'à l'embouchure des Canaux qui font la Communication de cette Riviére avec la Seine. 3°. Il faudroit encore faire ſur ces Canaux la même dépenſe du tirage juſqu'à la Seine. Enfin il ſeroit indiſpenſable de choiſir un tems bien avantageux pour faire cette quatruple navigation des deux Canaux & des deux Riviéres. En effet on ſçait que les inondations extraordinaires de la Loire, & le fréquent défaut d'eau des Canaux qui communiquent cette Riviére avec la Seine, ſeroient de terribles obſtacles au tranſport de ces bois, ou que du moins le tranſport ne pouroit manquer d'en être très-diſpendieux. Car ſuivant la ſuputation que j'en ai faite, à proportion des frais que coûte la voiture des autres marchandiſes qui ſe conduiſent à Paris par la Loire, j'ai trouvé que le ſeul tranſport des bois coûteroit au moins un tiers plus que le prix auquel le bois ſe vend à Paris ; d'où je conclus que le premier avantage dont Mr. Thomaſſin faiſoit trophée, eſt imaginaire : Paſſons au ſecond.

Ce ſecond avantage, qui eſt le débit que Mr. Thomaſſin promet de nous donner des vins du Chalonnois en Bretagne & à Paris, par le moyen de ſon Canal, n'eſt pas mieux fondé. Chacun ſçait que ces vins ſe débitent à Paris, ainſi que les vins du Beaujolois & du Mâconnois. On les fait aiſément conduire juſques ſur la Loire, & même à un prix aſſez médiocre, pour n'avoir pas beſoin d'un Canal ; parce que le grand nombre de beſtiaux que l'on nourrit en Charollois, donne une grande facilité pour cela. La voiture par terre juſqu'à Digoin premier Port de la Loire où on les embarque, n'eſt donc qu'un médiocre objet, puiſqu'elle ne coûte communément que neuf à dix francs la queuë, c'eſt-à-dire quatre à cinq livres le tonneau. Mais ce qui rebute extrêmement les Marchands, eſt, 1°. La difficulté que l'on a de prendre le tems auquel la Loire ſe trouve à un juſte point de hauteur pour une Navigation assurée ; car on a également à craindre ses hauts & ses bas ; & 2°. Le peu d'eau des Canaux qui communiquent la Loire avec la Seine, sur lesquels Canaux les Batteaux restent pour l'ordinaire plusieurs mois entiers, même dans les tems d'Hiver. C'est de ce retardement que provient la grande diminution ou vuidange que les Marchands souffrent sur leurs vins, & presque toujours l'altération de ces mêmes vins.

Voilà ce qui regarde le débit de ces vins à Paris. Voyons maintenant si le débouché que Mr. Thomassin nous en promet en Bretagne, a quelque fondement.

En vérité, c'est nous faire à plaisir des projets de richesses imaginaires, que de nous promettre un débouché certain en Bretagne des vins du Chalonnois par le moyen du Canal de Longpendu. Je viens de dire que le grand nombre des bestiaux que l'on nourrit en Charollois, donne une grande facilité pour voiturer les vins du Beaujolois, du Mâconnois & du Chalonnois à la Loire jusqu'à Digoin, & que les Marchands de Paris en font tous les ans venir par cette voye sans le Canal de Longpendu ; mais je n'ai jamais vû qu'il descendît un seul tonneau de ces mêmes vins jusqu'à Nantes ; & je suis persuadé qu'inutilement feroit-on construire le Canal de Longpendu pour ce sujet ; car il n'en descendroit pas davantage, parce que ces vins du Chalonnois, dont parle Mr. Thomassin, sont certainement les moindres vins de Bourgogne ; & que personne n'ignore que les rives de la Loire, depuis Roanne, qui est à dix lieuës au-dessus de Digoin, sont remplies des plus beaux Vignobles. D'ailleurs ceux de l'Anjou, du Blaisois, de la Touraine, de l'Orléanois, & beaucoup d'autres qui sont au-dessous, ne laissent pas douter un instant que la Bretagne n'a point besoin des vins du Chalonnois.

Si Mr. Thomassin avoit pris la peine d'aprofondir cet article, il auroit apris que la Bretagne ne tire que très-peu des vins qui se recueïllent le long de la Loire, & que lorsqu'elle en manque, elle s'en fournit du côté de Bourdeaux & de Grave ; ainsi il suit nécessairement de tout ce que je viens de dire, que le second avantage que Mr. Thomassin promet nous procurer par son Canal, est aussi imaginaire que le premier. Examinons le troisiéme.

Mr. Thomassin fait consister ce troisiéme avantage dans le retour des futailles des vins qui se consument à la Cour & à Paris ; mais qui ne s'étonneroit de l'assûrance avec laquelle cet Ingénieur promet une chose absolument impossible ? en effet, où a-t-il apris que les Batteaux remontent la Riviere de Loire depuis Orléans jusqu'à Digoin ? s'il avoit comme moi été élevé le long de ces rives, il sçauroit que l'inconstance de cette Riviere, qui est pour ainsi dire à sec pendant cinq mois de l'année, & même quelquefois davantage, ne permet pas d'y faire remonter les Batteaux. Les sables mouvants qu'elle charie avec impétuosité lorsqu'elle est haute, lui font presque continuellement changer de lit en grand nombre d'endroits ; de sorte qu'il est absolument impossible d'y établir un tirage assûré.

Je ne hazarde point ce fait, je le donne au contraire pour très-constant ; & si Mr. Thomassin en doute, il peut s'en assûrer, en écrivant aux Marchands Commissionnaires d'Orléans & de Roanne, qui lui répondront tous, qu'à peine remonte-t-il chaque année dans cette derniére Ville un très-petit nombre de Batteaux d'Orléans, que l'on est contraint de faire tirer par des hommes en grand nombre, & avec des frais immenses, à cause des sables mouvants que les égarées continuelles de la Loire laissent sur ses bords.

Ainsi pour que Mr. Thomassin pût faire remonter les futailles de Paris en Bourgogne par le moyen de son Canal, il faudroit qu'il fixât auparavant le lit de la Riviere de Loire, qu'il donnât de la consistance à ces sables mouvants pour y établir un tirage assûré : il faudroit qu'il trouvât un moyen de nous garentir des fréquents débordements de la Loire. Ce Projet lui feroit donner la préférence non-seulement sur ses Compétiteurs, mais même sur tous les Ingénieurs du Royaume.

Quel service ne rendroit-il pas aux Propriétaires des beaux Vignobles situés auprès de Roanne, qui envoyent chaque année à Paris leurs excellents vins d'Arvet, de Malantrat, de Vileret, de Saint Aon, de Renaison, *&c.* sans pouvoir jamais en faire revenir une seule futaille, ni même faire remonter les Batteaux que l'on est contraint de vendre à vil prix, pour être déchirés à Paris & à Nantes ? On est donc bien éloigné de pouvoir faire remonter les futailles, puisqu'on ne peut pas même faire remonter les Batteaux par la Loire ; & c'est là précisément ce qui jette ce beau Pays dans une disette extrême de bois.

Mais

Mais pour bien faire comprendre à Mr. Thomassin ; que dans le dessein où j'étois d'examiner tous les avantages qu'il nous promet de son Canal, je n'ai rien échapé de ce qui pouvoit m'en instruire parfaitement ; je lui avouërai que je me suis informé il n'y a pas deux mois à Paris, même auprès des Marchands de vin en détail, de l'usage qu'ils font des futailles de nos vins de Bourgogne, & j'ai apris d'eux qu'ils les vendent à des Tonneliers de Paris, qui en font des amas considérables, pour les revendre ensuite, après les avoir raccommodées à la jauge du muid de Paris, à tous les Propriétaires & Vignerons des Vignobles qui sont autour de cette Capitale. C'est là que ce que l'on peut conserver à Paris de nos futailles, trouve un débouché avantageux ; puisqu'un muid ainsi racommodé, s'y vend, selon l'abondance ou la disette de la recolte, à proportion plus qu'il n'a coûté neuf en Bourgogne. J'en ai vu la preuve à Poissy, dans toute la Vallée de Montmorency, à Surenne, à Pontoise, & aux environs. En un mot, il ne se perd pas une seule futaille à Paris ; car toutes celles de l'Auxerrois y sont ramenées par la Seine & l'Yonne sur les Batteaux qui la remontent. Celles de Blois, & même d'Orléans y sont reconduites de Paris par les charettes & voitures qui roulent continuellement sur cette route.

En voilà ce me semble assez pour faire comprendre au Public & à Mr. Thomassin, qu'à suposer même son Canal possible, on n'en retireroit aucun des avantages qu'il nous fait espérer. A quoi j'ajoute pour prouver encore l'inutilité absoluë de ce Canal, qu'il ne serviroit de rien aux Négocians de Lyon, ni par conséquent au Commerce de l'Ocean avec la Méditerranée.

L'heureuse situation de la Ville de Lyon au conflant du Rhône & de la Sône, qui lui donnent par conséquent trois espèces de Canaux pour commercer des trois côtés, l'a renduë naturellement l'Entrepôt du Commerce de l'Ocean avec la Méditerranée ; Et l'on peut dire que les Lyonnois sont les plus habiles Commerçans du Royaume. Ils distinguent toutes les marchandises dont ils font commerce avec Paris, en deux espèces ; sçavoir, en fines & en grossieres : Or il est certain que les inconvéniens dont la Navigation de la Loire & des Canaux qui la joignent à la Seine est accompagnée, comme je l'ai fait voir ci-dessus, forcent ces Négocians à envoyer à Paris par terre & à grands frais, toutes leurs marchandises fines, & qu'ils n'envoyent par la Loire que les grossieres.

Il n'y a que douze lieuës de Lyon à Roanne, qui est le premier Port de la Loire ; les Lyonnois font donc transporter toutes ces marchandises grossieres à Roanne en deux petites journées, surtout depuis que les chemins ont été mis dans le bel état où nous les voyons aujourd'hui. Tout le Pays qui est entre Lyon & Roanne, est rempli de gens qui nourissent des bestiaux pour ce charroi, qui se fait à un prix très-modique.

Il est par conséquent sensible que les Négocians de Lyon, pour éviter un si petit trajet par terre, ne changeront pas de route, surtout lorsqu'en prenant celle du Canal que propose Mr. Thomassin, il leur faudroit faire un trajet de vingt-cinq lieuës sur la Sône, & vingt-huit sur le Canal de Longpendu, tout cela seulement pour aller tomber à Digoin dans la même Riviere de Loire. Les frais & le retardement indispensable de ce long circuit, avec les inconvéniens de la Loire dont nous avons déja parlé, ne seroient certainement point du goût des Négocians Lyonnois ; ils ne changeront ni de route ni de maxime pour le transport de leurs marchandises fines & grossieres, que lorsqu'on leur aura fait un Canal, qui communiquant la Sône avec la Seine, leur procurera l'avantage d'une Navigation également sûre, courte, facile & agréable, soit en allant, soit en revenant, pendant toutes les saisons de l'année. Or comme le Canal de Mr. Thomassin ne peut leur procurer tous ces avantages, la construction en seroit absolument inutile au Commerce de la Méditerranée avec l'Ocean ; & j'ajoute par les mêmes raisons, qu'il serviroit encore moins à celui que nous entretenons avec la Suisse, Genève & la Savoye. Ainsi le Canal par l'Etang de Longpendu projetté par Mr. Thomassin, seroit absolument inutile à la Province de Bourgogne & au Royaume.

EXAMEN DU PROJET DE *Mr. Abeille, pour la Construction d'un Canal qui fera la jonction de la Sône à la Seine par Poüilly en Auxois.*

POur juger sainement du choix que l'on doit faire de l'une des idées proposées, il ne suffit point d'examiner les inconvéniens que peuvent avoir celles ausquelles on ne donne pas la préférence. Il faut encore peser mûrement tous les avantages que les unes & les autres peuvent produire, afin que les comparant ensemble, on puisse mettre le Public en état de choisir sainement.

Ce sont là, ce me semble, les véritables principes dans lesquels un honnête homme doit se tenir : je crois les avoir suivi dans l'examen que j'ai fait du Projet de Mrs. de la Jonchere & Thomassin ; puisque loin de contester à celui-ci la possibilité de son Canal, je la lui ai passée sans peine, quoiqu'il ne nous l'ait point encore établie.

Je suis entré dans un examen sérieux des avantages qu'il nous fait espérer : ce n'est pas ma faute si ces prétendus avantages se sont évanoüis ; c'est à leur Auteur à s'imputer de ne nous avoir presenté que de l'aparent pour du réel. Voyons si son Compétiteur aura donné dans le même travers, ou s'il aura satisfait à l'attente du Public.

Rien n'est plus simple que le Mémoire du Projet de Mr. Abeille ; le stile en est concis, les principes en sont certains, & les conséquences naturelles. Son Ouvrage est fort détaillé, malgré sa briéveté ; de sorte qu'on ne peut lui refuser de convenir que cette piéce sort de la main d'un habile Maître.

Il ne s'est pas contenté d'un seul Projet par écrit en forme de Mémoire ; il a soutenu par des Cartes exactes où est tracée la route de son Canal, & des Desseins réguliers qui ne laissent rien à désirer sur ce sujet.

En effet, après nous avoir donné la disposition de son Canal, il nous ajoute une distribution suivie des ouvrages qu'il y faudra faire. Voici en abrégé ce qu'il y a de plus interessant à sçavoir sur l'une & sur l'autre.

Ce Canal doit traverser la Bourgogne depuis la Sône jusqu'à l'Yonne; son embouchure dans l'Yonne se fera par l'Armenion, à Brinon l'Archevêque, qui n'est qu'à une lieuë de l'Yonne; & à la Sône, elle est fixée à S. Jean de Lône; son étenduë sera de quarante lieuës & deux tiers. Outre ces deux Villes, il passera encore par celles de Dijon, Ste. Reine, Montbard, Tonnerre, S. Florentin, & par plusieurs Bourgs & Villages considérables, dont les uns se trouveront sur la route du Canal, & les autres aux environs; de sorte que ce Canal joignant ainsi la Sône avec la Seine par l'Yonne, donnera en même-tems la Communication des deux Mers par une Navigation suivie depuis l'embouchure de la Seine dans l'Ocean, jusqu'à celle du Rhône dans la Méditerranée. Le cours de cette Navigation marqué dans la Carte ci-jointe, me dispense d'entrer dans un plus grand détail sur ce sujet.

La Sône & l'Yonne, dans les endroits où elles sont navigables, se trouvent séparées par une étenduë d'environ trente-trois lieuës de Pays en droite ligne, dont les deux pentes s'élévent de chaque côté, à mesure qu'on s'éloigne de l'une & l'autre de ces Riviéres, & forment enfin dans les montagnes de l'Auxois un Point plus élevé, que les Habitans même du Pays apellent le Seüil: c'est aux environs de ce Seüil que coule d'un côté la Riviére d'Armenson, qui va se jetter dans l'Yonne; & de l'autre la Riviére d'Ouche, qui se jette dans la Sône. Mr. Abeille persuadé que le succès de son Projet dépendoit du choix de son Point de partage, l'a fixé en cet endroit qui n'est qu'à un quart de lieuë de Poüilly, où il prétend rassembler toutes les eaux qui lui sont nécessaires. La nature sembloit le lui avoir préparé pour un si grand dessein: Voici comme il en parle, & comment il se propose de lever le seul obstacle qui s'y rencontre.

„ Le Bourg de Poüilly (dit-il) est situé entre deux „ hauteurs; l'une à l'Orient & l'autre à l'Occident; au „ Nord il a la plaine d'Aiguilly où l'Armenson commence „ son cours; & au Midi il a la plaine de Commarin, dont „ les eaux se jettent dans l'Ouche. A trois cens toises au-„ dessus de Poüilly, du côté du midi, entre ces deux plai-„ nes, est une petite hauteur de terre en forme de digue, „ qu'on apelle le Seüil de Poüilly „; parce que c'est de cette hauteur que commencent les deux pentes qui vont aux deux Mers ; son élévation qui est insensible aux deux extrêmités, se trouve vers le milieu de soixante & quatorze pieds au dessus du niveau des deux plaines · on coupera ce Seüil dans le milieu par une tranchée assez profonde pour rencontrer ce niveau, afin que le Point de partage traversant par là le Seüil, s'étende dans les deux plaines, & forme un bassin assez bas pour recevoir les eaux de toutes les sources qu'on y veut amener, & qui doivent fournir à la Navigation.

Mr. Abeille tire ses eaux de plus de trente ruisseaux, sources ou valons, dont les uns sortent de son Point de partage même, & les autres y sont amenés par des Rigoles qui se réunissent pour la plûpart entre elles dans leurs routes, & toutes enfin au Point de partage.

Ces eaux jaugées en differens tems, ont donné quelquefois jusqu'à six mille pouces, d'autres fois la moitié, & le moins qu'elles ayent fourni dans les plus grandes sécheresses, a toujours été quinze cens pouces ; encore cette disette n'a-t-elle jamais duré plus d'un mois ou six semaines dans les années les plus séches ; de sorte que par plusieurs jauges exactement faites par Mr. Abeille, & vérifiées à plusieurs fois par Mr. Gabriel, en présence de Mr. Lebelin Commissaire des Etats de la Province, il est acquis qu'on aura en tout tems dans ce Point de partage une quantité suffisante d'eau pour fournir à une fréquente Navigation, lors même que la plûpart des Riviéres seront presque à sec. La raison de ceci est que les eaux des Riviéres s'écoulent toujours, au lieu que celles d'un Canal sont toujours retenuës par des Ecluses.

CALCUL DES EAUX QUI *fourniront continuellement au Point de partage de Mr. Abeille, tiré de l'évaluation qu'en a faite Mr. Gabriel à différentes fois, dans le tems de leurs cours médiocre.*

EAUX *qui se jettent dans la Rivière d'Armenson.*

LE Ruisseau de Bellenot fournit -	180 pouces.
Le Ruisseau de Martroy, - - - -	145.
Celui de Souffey, - - -	220.
Les deux Ruisseaux de Souffeau & de Guyonne unis à Chailly, - -	255.
Les Eaux de Thorey & de Blancey -	290.

EAUX *qui tombent dans la Riviere d'Ouche.*

Le Ruisseau de Baume, - -	310.
Les Eaux de Panthier dans la valée de Commarin, - - - - -	30.
Celles de Semarey, - - -	65.
Et celles de la Palou, - -	48.

EAUX *qui tombent dans la Rivière de Brenne.*

Les Eaux de la Brenne jaugées à Aubigny, à la naissance de la Rigole, - -	360.
Celles de Civry, - - - -	160.
Celles d'Ecôme, - -	50.
Celles de S. Antau, - -	30.
Celles du valon d'Eté, - -	40.
Celles du valon d'Epinois, - -	30.

EAUX *qui tombent dans la Rivière de Serain.*

Les Eaux du valon de Moulin-Fleurey, prises à la naissance de la Rigole, - -	580.
Celles du valon de Mont S. Jean, -	160.
Et celles du valon de Missery, -	70.
Total,	3023 pouces.

Outre toutes ces eaux, il y a encore une douzaine de sources que les Rigoles prendront en passant, dont le produit montera à plus de deux cens pouces d'eau courante, lesquelles sources Mr. Gabriel n'a point voulu mettre dans son calcul, & qu'il a laissées pour remplacer la transpiration de celles qu'il a évaluées. Ces douze sources sont celles de Marey derriere Mont S. Jean, de Chazey, de Charny, de Gissey le vieil, celle de la Rente de Gissey, de la Rente de Chailly, la source de l'Armenson, le petit Ruisseau de Voucher, ceux de l'Epinois, de Beurizot, de Miard & de Vesvre.

Mais afin d'assurer encore mieux la Navigation continuelle de ce Canal dans le tems de la plus grande sécheresse, Mr. Abeille a trouvé des endroits favorables pour construire à la naissance & dans le cours des Rigoles qui lui ameneront ses Eaux jusqu'à sept Etangs ou Réservoirs, dans lesquels on aura toujours pour le moins quatre cens mille toises cubes d'eau qui se seront ramassées d'elles-mêmes pendant l'Hyver & dans le courant de l'année, lors des grandes cruës, sans diminuer les eaux courantes qui fourniront à la Navigation du Canal. Il est justifié par le Procès verbal de Mr. Gabriel, que ces Réservoirs n'ont point été jugés nécessaires pour la Navigation de ce Canal (tant on craint peu d'y manquer d'eau) & qu'ils ont seulement été proposés pour faire voir aux Contradicteurs de ce Projet, que l'on ne craint point d'en manquer, quelque fréquentée que puisse jamais devenir cette Navigation.

Outre ces deux avantages de la situation des lieux & de l'abondance des Eaux, Mr. Abeille en a rencontré un troisiéme qui n'est pas moins satisfaisant pour lui : C'est la disposition favorable du terrain qui se trouve dans toute l'étenduë des deux pentes, au sortir du Point de partage, en tirant vers l'une & l'autre embouchure ; car le Pays de l'un & l'autre côté a été reconnu très-propre pour cette entreprise, soit par la facilité d'y creuser le lit, ou ce que nous apellons en termes de l'Art, la tranchée du Canal, soit par l'aisance qu'il y aura à franchir par les plus simples & les plus ordinaires moyens du même Art, le peu d'obstacles qui s'y rencontrent ; soit enfin par l'abondance & la commodité des matériaux nécessaires à la construction des Ouvrages, qu'on trouve par tout à une juste portée.

Du Point de partage juſqu'à Brinon, il y a 888 pieds de pente, & du même Point de Partage juſqu'à S. Jean de Lône, il ne s'en trouve que 624. Mr. Abeille ſe propoſe de les franchir par 74 Ecluſes, chacune de douze pieds de hauteur du côté de Brinon, & par 52 de la même hauteur du côté de S. Jean de Lône. Mr. Gabriel ſeroit d'avis qu'on ne fit ces Ecluſes que de huit pieds de hauteur, ce qui en augmenteroit le nombre d'un tiers; mais auſſi il voudroit qu'on les fit aſſez grandes pour y faire paſſer à la fois deux Batteaux chargés.

Dans les endroits où le terrain ſe trouve difficile, Mr. Abeille ſoutient un peu ſon Canal ſur la hauteur, pour franchir enſuite plus aiſément par des Aqueducs les Ruiſſeaux, les ravines & les autres mauvais pas qui pouroient lui faire obſtacle s'il ſe tenoit toujours dans le plus bas des valons; mais il a une continuelle attention à éviter la grande dépenſe. En voilà ce me ſemble aſſez pour donner une juſte idée de ſon Projet; j'ajouterai ſeulement qu'il ſe propoſe de conſtruire dans toutes les Villes & dans tous les gros Bourgs par où doit paſſer ſon Canal, des Ports très-commodes pour le Commerce.

EXAMEN DES OBJECTIONS propoſées par Mr. Thomaſſin, contre le Projet de Mr. Abeille.

LE Public eſt trop informé des mouvemens que s'eſt donné Mr. Thomaſſin contre le Projet de Mr. Abeille, pour que je puiſſe me diſpenſer d'en dire un mot. Mr. Thomaſſin chagrin de n'avoir pas ſaiſi l'idée du Point de partage par Poüilly, n'a rien oublié pour la contrarier. Il l'a même attaquée ſans ſçavoir à fond de quoi il s'agiſſoit; de ſorte qu'il n'eſt pas ſurprenant qu'il ſe ſoit ſouvent eſcrimé contre des phantômes & des êtres de raiſon qu'il ſe forgeoit lui-même pour les combattre enſuite ſous le nom d'idées de Mr. Abeille. Telles ſont les objections, qu'il lui a faites dans ſes Lettres, ſur les Canaux, au ſujet des rochers de Semur, & en dernier lieu dans l'Epître Dédicatoire de ces mêmes Lettres, en l'accuſant d'avoir deſſein de percer un Aqueduc d'une lieuë & demie

demie de long, à travers la montagne qui sépare la Brenne de l'Armenson, aux environs de Grosbois, d'un côté, & de Bellenot de l'autre, pour conduire les eaux de Grosbois à son Point de partage. Tel est encore le prétendu passage que Mr. Thomassin fait faire au Canal de Mr. Abeille par Toisy-le-Désert, d'où ce dernier le tient toujours à plus d'une grande demie lieuë. Si Mr. Thomassin avoit pû prendre sur lui de ne point attaquer le Projet de Mr. Abeille avant qu'il fût achevé, il n'auroit pas aujourd'hui la mortification de se voir convaincu de la précipitation la plus outrée, & d'entendre dire de lui-même, que n'ayant rien de bon à oposer contre ce Projet, il a eu recours à la calomnie. L'aigreur de Mr. Thomassin a certainement trop paru dans la maniere peu polie avec laquelle il a attaqué Mr. Abeille, & les honnêtes gens ne sçauroient être contens de son procédé.

Enfin, selon Mr. Thomassin, le Projet de Mr. Abeille étoit impossible, 1°. Par le défaut d'eau. 2°. Par le vice du terrain. Mr. Abeille a établi au contraire qu'il a plus d'eau qu'il ne lui en faut, & que tout le terrain est trés-propre à la construction de son Ouvrage, soit par sa qualité, puisqu'il est presque par tout gras & fertile, soit par sa situation, puisque les valées, les gorges des montagnes & les côteaux ne sont ni si reserrés ni si rampans que Mr. Thomassin voudroit le persuader, & qu'au contraire on trouve en grand nombre d'endroits de belles & magnifiques plaines, & par tout la situation la plus heureuse.

La possibilité du dessein de Mr. Abeille est donc constamment établie & reconnuë, aussi-bien que la facilité de son exécution. Tel est le jugement qu'en a porté Mr. Gabriel Chevalier de l'Ordre de S. Michel, Controlleur General des Bâtimens, Jardins & Manufactures du Roi, son Architecte Ordinaire, & Premier Ingénieur des Ponts & Chaussées du Royaume, Commissaire envoyé dans le Pays par la Cour & par Messieurs des Etats de Bourgogne, comme il paroît par le Procès verbal qu'il en a dressé le vingt-quatre Juillet dernier, après s'en être assuré lui-même sur les lieux par un travail pénible de vingt-cinq jours: Mais comme son Procès verbal & son Devis estimatif sont actuellement sous la Presse par ordre de Messieurs les Elus Generaux des Etats de Bourgogne, je crois devoir renvoyer mes Lecteurs à ces Piéces importantes, pour les convaincre de la possibilité & de la facilité de ce Canal.

REPONSE AUX IDE'ES *désavantageuses que certains Particuliers sément dans le Public, contre le Projet de Mr. Abeille.*

J'AI séparé ces objections des précédentes, parce que je les ai crû indignes d'un homme comme Mr. Thomassin; & je suis persuadé qu'il n'a point de part au bruit que l'on fait malicieusement courir, que le Canal proposé par Mr. Abeille sera à la vérité utile à la Ville de Paris & au reste du Royaume, mais qu'il sera ruineux à la Province de Bourgogne. Voici les raisons spécieuses dont on apuye cet énorme paradoxe, qui est l'ouvrage d'une petite cabale de gens, dont les uns se croyent interessés au Projet de l'Etang de Longpendu; & les autres sont de ces gens qui n'ont d'autre occupation que de raisonner sur tout sans connoissance de cause. 1°. La Bourgogne, disent-ils, ne recueille que ce qu'il lui faut de grains pour la nourriture de ses Habitans. 2°. Le vin se gâte sur l'eau lorsqu'on le transporte en Batteaux. 3°. Le commerce des voitures par terre fait gagner la vie à beaucoup de gens; Enfin il causeroit dans la Bourgogne une cherté generale sur toutes les denrées.

Quoiqu'il n'y ait rien de moins solide que ces raisonnements, on s'en sert cependant pour faire apréhender la Construction du Canal à ceux des Habitans de Dijon, qui ne vivent que des arrérages de leurs contrats de rente, & aux gens de Métier & de Profession qui craignent extrêmement la cherté des vivres. Je crois devoir détromper les uns & les autres en réfutant ces faux principes.

1°. Il se recueille en Bourgogne par année commune, la moitié plus de grains qu'il ne lui en faut pour la nourriture de ses Habitans. L'Auxois, l'Autunois, la Contrée de la Vingeanne, la Bresse Châlonnoise, le Pays Bas, & plusieurs autres Cantons en regorgent actuellement, & je suis certain qu'on y en trouveroit encore de cinq à six ans qui s'y gâtent faute de débit: Or combien le Canal en ameneroit-il à Dijon, de toute la Franche-Comté & de la Bresse?

2°. Rien n'est plus mal fondé que l'altération imaginaire que l'on supose devoir arriver dans les vins de Bourgogne lorsqu'on les transportera en Batteaux. L'expérience aprend qu'ils sont bien moins fatigués dans les Batteaux que par terre; l'exemple des Marchands d'Auxerre, qui n'en envoyent point autrement que par eau, est une preuve bien sensible qu'ils ne s'y gâtent pas. Il est vrai que rarement les vins du Châlonnois arrivent-ils à Paris par la Loire sans être gâtés, ou du moins sans avoir perdu de leur qualité; mais personne n'ignore que cette altération ne provient que du long séjour de trois & quatre mois que ces vins sont obligés de faire dans les Batteaux exposés au grand air, tant sur la Loire que sur les Canaux qui la communiquent avec la Seine. Or il est visible que les vins qui seroient voiturés sur le Canal, dont on propose la Construction par Poüilly, ne seroient pas exposés à cet inconvénient, puisqu'en moins de dix à douze jours ils seroient transportés & encavés à Paris.

On doit encore moins craindre que ce Canal ne fît tort à la Province, en ôtant aux Roulliers l'occasion de gagner leur vie. Il faut prendre là-dessus la décision du Public; qu'il nous dise s'il ne seroit pas au contraire à souhaiter que la Construction du Canal nécessitât ces sortes de gens à quitter ce Métier pour employer leurs chevaux à la culture des excellentes terres qu'ils habitent, & qui raporteroient le double de ce qu'elles produisent; au lieu que les Laboureurs de la Vallée de S. Thibault, par exemple, qui voiturent à Paris presque tous les vins de la Côte du Dijonnois, sont si pauvres & si miserables, quoiqu'ils habitent le meilleur terrain de Bourgogne, qu'il n'est point de gens si malheureux dans les montagnes les plus stériles. Le Métier de Roullier est si peu lucratif, par les dépenses excessives qu'il y faut faire pour l'achat & l'entretien des harnois, que l'on devroit mettre tout en usage pour engager les Laboureurs qui s'en mêlent, à s'attacher à la culture de leurs terres, ce qui arriveroit certainement si ils avoient un débit continuel de leurs denrées, & qu'ils ne fussent pas souvent contraints de les donner à vil prix, ou de les voir périr dans leurs greniers; car c'est uniquement ce qui les force à recourir au charroi pour en retirer quelqu'argent comptant pour leurs plus pressants besoins.

Je crois qu'il seroit superflu de réfuter le faux & ridicule raisonnement de ceux qui débitent qu'une voiture par eau coute plus, à cause des droits qu'on y paye, qu'une voiture par terre. Chacun sçait que les droits qui se payent sur les Canaux, lorsque le Roi en laisse faire la Construction aux frais des Particuliers, ne sont pas aussi considérables que l'on se l'imagine; qu'ils sont encore moindres lorsque Sa Majesté veut bien gratifier ses Sujets des frais de cette Construction, & qu'elle n'y impose que ce qui est purement nécessaire pour l'entretien des Canaux. Je laisse à juger quelle différence il y a entre les frais qu'il faut faire pour la conduite des marchandises par eau ou par terre, puisque deux chevaux tireront seuls par eau autant que trente par terre.

Enfin, si l'on voyoit arriver par le Canal dans le Port de Dijon avec deux hommes & quatre chevaux, le bois & les denrées que quinze hommes avec soixante chevaux auroient peine d'y conduire par charroi; la différence que l'on éprouveroit dans le prix, convainqueroit bien les Habitans de cette belle Ville, que jamais le Canal ne sçauroit leur faire acheter plus cher les denrées; qu'au contraire il seroit un moyen certain contre la disette de toutes choses, & une occasion très-favorable de faire valoir leur argent dans le commerce; ce qui mérite une grande attention, pour une Province aussi dépourvûë de tout commerce que l'est la Bourgogne.

AVANTAGES DU PROJET de Mr. Abeille.

CEs Avantages ne se réduisent pas, comme l'a voulu insinuer Mr. Thomassin, au seul plaisir d'aller en Batteaux de Lyon à Paris, & de Paris à Lyon; ils sont bien plus considerables & en bien plus grand nombre, ou pour mieux dire cette même facilité d'aller en Batteaux de Lyon à Paris & de Paris à Lyon, par la Jonction de la Sône avec l'Yonne, aprofondie comme elle doit l'être, renferme des Avantages immenses dans le commerce. Car, 1°. On auroit cette communication si avantageuſe de l'Ocean avec la Méditerranée par les premieres Villes, les plus belles & les plus fertiles Provinces du Royaume. 2°. La route par eau ne ſeroit preſque pas plus longue que celle de terre. 3°. Cet établiſſement nous donneroit une communication très-aiſée avec la Franche-Comté, la Suiſſe, Genève & la Savoye.

La Franche-Comté nous envoyeroit juſques dans le cœur du Royaume, ſes bleds, ſes vins, ſes fers, ſes bois, ſes chanvres, ſes fromages, & generalement toutes ſes denrées, que l'on embarqueroit au milieu de cette Province ſur la Sône juſqu'à S. Jean de Lône, où elles entreroient dans nôtre Canal.

Quel heureux moyen pour faire conſumer les denrées de cette belle Province, où l'argent eſt ſi rare, faute de Commerce, qu'elle eſt réduite pour adoucir ſa miſére, à ſolliciter vivement chaque année la Cour de lui envoyer un grand nombre de Troupes pour cette conſommation ! Le projet du Canal flatte déja ſi fort les Francs-Comtois, qu'ils ſe regardent comme raprochés du Soleil de pluſieurs degrés, depuis qu'on leur a fait eſpérer qu'ils communiqueront bien-tôt plus aiſément avec le ſéjour du Soleil de la France. Quelle prodigieuſe quantité de toute eſpèce de denrées n'envoyeroient-ils pas par le Canal, à Dijon, à Paris & dans toutes les Provinces du Royaume ! J'en laiſſe Juges ceux qui connoiſſent tant ſoit peu la Franche-Comté, & qui ſçavent avec quelle facilité on peut rendre le Doux navigable, & pratiquer une Communication avec l'Alſace, par un Canal qui viendroit tomber dans la Sône près S. Jean de Lône. Si je ne craignois de m'écarter de mon ſujet, je ferois ici le détail des moyens dont on pouroit ſe ſervir pour cela : mais j'eſpére de le faire dans un autre Ouvrage ; car je n'ai rien tant à cœur que la gloire du Roi, & l'avantage du Royaume.

Nôtre Commerce avec la Suiſſe & Genève ſe fait par le Rhône de Seyſſel à Lyon ; mais Lyon ſe trouvant éloigné de cent lieuës de Paris ſans aucune communication directe par eau, ce commerce ne ſçauroit être bien floriſſant ; il eſt donc ſenſible que la Communication de la Sône à l'Yonne, le rendant plus commode, l'augmenteroit de beaucoup, ſurtout par la facilité qu'auroient les Genevois d'en abréger la Route en paſſant par la Bresse ou par la Franche-Comté pour venir joindre le Canal de Bourgogne.

Quel accroissement cette Navigation suivie & non interrompuë n'aporteroit-elle pas à nôtre Commerce avec la Savoye, le Piedmont & l'Italie, puisque sitôt que les marchandises seroient au bord du Rhône, soit au-dessus, soit au-dessous de Lyon, elles seroient aisément transportées à Paris & dans toutes les Provinces du Royaume ?

Enfin, quelle aisance ne nous donneroit pas cette Navigation pour le transport des sels de l'une & l'autre Mer ? Quel bénéfice ne trouveroit-on pas sur la voiture qui ne s'en fait qu'à grands frais ? Sa Majesté pourroit alors en diminuer le prix, au grand avantage de ses sujets, sans diminuer ses revenus.

Je n'ai encore parlé que de la facilité que nous donneroit le Canal pour commercer dans l'intérieur du Royaume ou avec nos plus proches voisins : mais j'ai bien plus à dire du Commerce qu'il nous procureroit avec les Etrangers : Ce point est pour nous d'une si grande conséquence, qu'à peine peut-on concevoir les suites avantageuses qu'il pouroit avoir ; car je crois entrevoir que par cette droite & courte Communication de l'une à l'autre Mer, la France pouroit bien devenir l'Entrepôt general d'une partie du Commerce, que la Hollande, l'Angleterre, les Pays-Bas, l'Allemagne & plusieurs des Etats du Nord font avec le Levant.

L'attention que j'ai eu jusques ici à ne rien outrer dans tout ce que j'ai dit, ne me permet pas de donner cet avantage du Canal pour une suite nécessaire de sa Construction ; mais ne pouroit-on pas l'espérer, si l'on fait réflexion à la facilité avec laquelle nous commerçons dans le Levant par la Méditerranée ? Chacun sçait que les Ports que nous avons sur les Côtes de cette Mer, sont remplis de Tartanes & de très-petits Bâtimens, qui font néanmoins nôtre Commerce avec le Levant & la Barbarie à trés-peu de frais, en toute sûreté, & presque toute l'année, de maniere que les Marchandises qui nous en viennent en Provence, ne coûtent presque rien de transport. Or pourquoi ne pouroit-on pas espérer que si nous avons une fois un Canal en Bourgogne, par où se puisse faire en peu de tems le transport de l'une à l'autre Mer, depuis le Havre jusqu'à Marseille, les Marchands

Anglois, les Holandois, les Flamands, les Allemands, les Suédois & les Danois feroient prendre cette route aux Marchandises qu'ils envoyent au Levant, & à celles qu'ils en retirent ; puisqu'en traversant la France il leur feroit faire leur Route bien plus courte & avec bien moins de danger qu'elles n'en essuyent dans le long circuit qu'il leur faut faire par le Détroit de Gibraltard, & dans cette partie de l'Ocean, qui est continuellement battuë des plus rudes tempêtes.

Cette espérance me flate beaucoup, lorsque je fais réflexion aux périls où les Vaisseaux sont exposés dans cette longue Route, & à la distance qu'il y a seulement du Texel jusqu'au Détroit de Gibraltard ; car on y compte plus de six cens lieuës, & de Gibraltard jusqu'à Constantinople, il y en a plus de douze cens : Au lieu que du Havre de Grace à Marseille, nous aurions tout au plus deux cens lieuës, & que de Marseille à Constantinople nous n'en avons constamment qu'environ huit cens : ainsi la Navigation des Echelles du Levant se trouveroit abrégée par nôtre Canal de plus de huit cens lieuës, c'est-à-dire presque de moitié.

Je sçai déja tout ce que l'on pourra me répliquer là-dessus : la jalousie naturelle que les Nations dont je viens de parler, ont contre nous ; la différence qu'il y a entre la grandeur de leurs Vaisseaux & celle de nos Bâtimens ; le changement qu'il en faudroit faire à Marseille & au Havre, & quelques autres semblables ; mais aussi j'ai des répliques toutes prêtes. 1°. Je conviens que tant que les Anglois & les Hollandois seront Maîtres de l'une & l'autre Mer, ils préféreront la Route du Détroit de Gibraltard ; mais en tems de Guerre avec l'Espagne, auront-ils la même facilité, surtout si cette Couronne peut obtenir la restitution de Gibraltard & de Port-Mahon ?

Je conviens encore qu'ils ne changeront point de Route pour envoyer & faire venir les Marchandises grossieres. Mais ne leur seroit-il pas avantageux d'en changer, même en tems de Paix, pour faire éviter à ce que nous apellons Marchandises fines, les dangers continuels ausquels elles sont exposées depuis le Texel jusqu'au Détroit ? Les soyes & les drogues du Levant ne seroient-elles pas plus en sûreté sur nôtre Canal que sur l'Ocean ?

Je consens que ces Peuples préférent la Route du Détroit pour faire le Commerce du Levant par eux-mêmes ; mais qui ne ſçait que ſi nôtre Canal nous fournit, comme je l'eſpére, le moyen de pouvoir leur vendre chez eux les mêmes Marchandiſes fines du Levant, à meilleur compte qu'ils ne les achettent, pourquoi ne les prendront-ils pas de nous, plûtôt que de les aller chercher avec de ſi grands frais & de ſi grands riſques ?

Quoiqu'il en ſoit, il eſt toujours certain que nous aurions au moins, dans le Royaume, par le moyen du Canal les Marchandiſes du Levant à bien meilleur marché que nous ne les achetons actuellement ; & même qu'en cas d'une diſette ſemblable à celles que nous avons eſſuyées en 1693 & 1710, le Canal nous fourniroit encore une grande facilité pour faire venir juſques dans le ſein de la France les bleds de Barbarie, & que dans les années ordinaires nous pourrions conſerver les ſommes conſidérables qu'il en coûte à la Provence pour la traite qu'elle fait de ces mêmes bleds, dont elle ſe nourrit habituellement.

Si je ne craignois pas d'être trop long, je ferois ici un détail de tous les avantages que nôtre Canal produiroit en particulier à chaque Province, & ſurtout à celles de l'intérieut du Royaume ; & je ſuis perſuadé qu'il me ſeroit aiſé d'en faire goûter le Projet, ſurtout à la Normandie, la Picardie, au Maine, à la Beauce, à la Champagne, à l'Alſace, à l'une & l'autre Bourgogne, au Lyonnois, à la Breſſe, à la Savoye, au Vivaretz, au Dauphiné, au bas Languedoc & à la Provence ; j'y ajouterois peut-être toutes les Provinces qui ſont le long de la Loire, de l'un & de l'autre côté, par la troiſiéme branche que l'on pourra faire dans la ſuite depuis Poüilly juſqu'à Digoin, en paſſant par Autun : Mais comme ce détail me méneroit trop loin, je me contenterai d'avertir ici le Public, que ſi par la ſuite on jugeoit cette Communication avec la Loire de quelque utilité, Mr. Abeille pour nous dédommager de l'inexécution du Canal de Mr. Thomaſſin, a aſſujetti ſon Projet à cette triple Navigation, pour laquelle il a non-ſeulement diſpoſé ſon Point de partage à pouvoir être étendu de ce côté-là pendant près de deux lieuës, pour y recevoir encore de nouvelles eaux, & y faire de nouveaux Réſervoirs, ſi on en avoit beſoin.

PARALLELE

PARALELLE DU PROJET de Mr. Thomaſſin, avec celui de Mr. Abeille.

TOUT ce que je viens de dire du Projet de Mr. Abeille, en a ſans doute donné l'idée d'un des plus beaux & des plus grands Ouvrages que l'on puiſſe conſtruire pour l'utilité de la Bourgogne en particulier, & de tout le Royaume en general ; mais afin de faire mieux comprendre combien j'ai eu raiſon de me déterminer pour ce projet préférablement à celui de Mr. Thomaſſin, je vais les comparer en peu de mots l'un à l'autre.

La différence de ces deux Projets eſt ſi grande, qu'il n'eſt perſonne qui ne la connoiſſe du premier coup d'œil.

1°. Mr. Thomaſſin ne propoſe qu'une Communication de la Loire à la Sône, qui ne procurera à la Bourgogne, ni au Royaume aucuns des avantages qu'il nous en voudroit faire eſpérer, & qui ne pouroit être tout au plus d'uſage que pour la deſcente de la Riviére de Loire, encore ſeroit-ce très-rarement, très-difficilement, & à grands frais.

Mr. Abeille au contraire propoſe la Jonction de la Sône à la Seine par l'Yonne, avec une facilité infinie pour toutes les ſaiſons de l'année, & à très-bon compte, ſoit en allant, ſoit en venant, parce que la Sône, l'Yonne & la Seine, ſont en tous tems très-aiſées pour la deſcente & pour la remontée, qu'elles ont des tirages ſûrs & faciles, & qu'elles n'ont aucun des inconvéniens que nous avons remarqué en parlant de la Loire.

2°. Mr. Thomaſſin ne cherche que les bois & les forêts; il ne veut faire paſſer ſon Canal que par une très-petite partie des dépendances de la Bourgogne.

Mr. Abeille au contraire fait paſſer le ſien par le centre, par les meilleurs cantons, dans toute l'étenduë, & preſque par toutes les plus grandes Villes de cette Province ; & diſpoſe même ſon Projet à nous donner auſſi la Communication de la Loire.

3°. Mr. Thomaſſin nous propoſe une Navigation pénible & ennuyeuſe, périlleuſe par un long circuit de terrain peu fertile.

3°. Mr. Abeille au contraire veut nous faire faire par eau une Route également agréable, également commode, également ſure & également courte ; puiſque de Lyon à Paris il n'y aura que quelques lieuës de difference entre la Route que tiendra le Canal, & la Route ordinaire par la Bourgogne.

Enfin il y a ſi peu de comparaiſon à faire entre ces deux Projets, ſoit pour la commodité, ſoit pour les avantages, que l'on ne ſçauroit héſiter un inſtant à ſe déterminer pour celui de Mr. Abeille.

Le Roi, à la gloire duquel étoit réſervée une ſi belle entrepriſe, ne laiſſera pas échaper cette occaſſion d'immortaliſer ſon Nom, & de rendre ſes Peuples heureux par l'exécution de ce Projet, dont la dépenſe, de l'aveu même de Mr. Gabriel, portée au plus haut point, ne ſçauroit excéder dix à onze millions, quoique Mr. Abeille l'ait fixé à moins de neuf. Cette différence ne provient que de l'augmentation de certains ouvrages que Mr. Gabriel eſtime utiles pour la plus grande perfection du Canal, & que Mr. Abeille ne croit point néceſſaires : Il ſera aiſé de ſe déterminer pour l'un ou l'autre ſentiment lorſqu'on travaillera ſur les lieux à l'exécution du Projet.

Enfin la circonſtance de la Paix, que Sa Majeſté vient d'aſſurer à l'Europe, & qui enfante ordinairement les grands Ouvrages, nous procurera ſans doute la Conſtruction de celui-ci, qui comblera le Prince de gloire, & ſes Sujets de Commodités & de Richeſſes.

FIN.

PERMISSION.

VEU. Permis d'imprimer. A Dijon ce ſix Septembre mil ſept cens vingt-ſept.

Signé, COCQUARD.

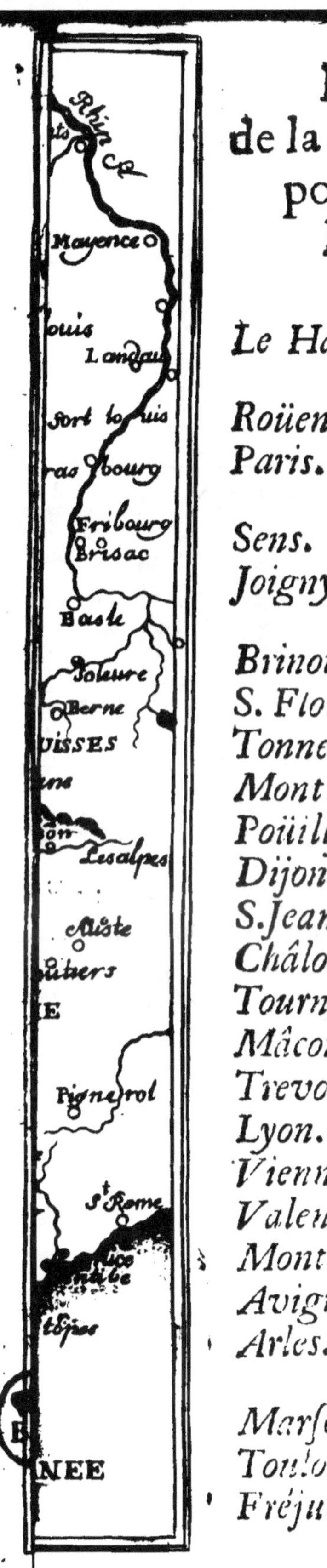

ROUTE
de la Navigation proposée de l'une à l'autre Mer.

Le Havre. - - Ocean.

Roüen. *Paris.*	Seine.
Sens. *Joigny.*	Yonne.
Brinon. *S. Florentin.* *Tonnerre.* *Montbard.* *Poüilly,* *Dijon.* *S.Jean de Lône.*	Canal.
Châlon. *Tournus.* *Mâcon.* *Trevoux.* *Lyon.*	Sône.
Vienne. *Valence.* *Montelimard.* *Avignon.* *Arles.*	Rhône.
Marſeille. *Toulon.* *Fréjus.*	Méditerranée.

CARTE·DE·LA·FRANCE
OU·EST·DECRITE·LA·JONCTION·DES·DEUX·MERS
PROPOSEE·PAR·LA·BOURGOGNE
PRESENTEE·AU·ROY·PAR·LE·
S^r. MICHON·Ecuier·Seig^r.
DE·TOURTEREL· Avec Une
Dissertation Sur Le Choix Que
L'on Doit faire Entre Les
Differens Projets Donnez Sur
Cette Matiere
Echelle de 40 lieues Communes 5 10 20 30 40
ANGLETERRE
LA MANCHE
PICARDIE
NORMANDIE
ISLE DE FRANCE
CHAMPAGNE
BRETAGNE
BEAVCE
SOLOGNE
MER OCEANE
POITOU
BOURBONOIS
LIMOSIN
AUVERGNE
QUERCY
BRESSE
SAVOYE
ITALIE
DAUPHINE
PROVENCE
SUISSES
ROUSSILLON
Golfe de Lyon
MER MEDITERRANEE
ROUTE
de la Navigation proposée de l'une à l'autre Mer.
Le Havre. - - Ocean.
Roüen. Paris. Seine.
Sens. Joigny. Yonne.
Brinon. S. Florentin. Tonnerre. Montbard. Poüilly, Dijon. S.Jean de Lône. Canal.
Châlon. Tournus. Mâcon. Trevoux. Lyon. Sône.
Vienne. Valence. Montelimard. Avignon. Arles. Rhone.
Marseille. Toulon. Fréjus. Méditerranée.

www.ingramcontent.com/pod-product-compliance
Lightning Source LLC
LaVergne TN
LVHW020254230826
846091LV00006B/2411

* 9 7 8 2 3 2 9 5 9 0 1 2 7 *